I0841684

Portada, diseño e ilustración: Mario Saavedra Vergara

Diagramación, maquetación y edición: Mario Saavedra Vergara

Primera Edición: Santiago de Chile, Diciembre 2023

Contacto: masaavedrav@gmail.com

La Caída del Muro

Antología de los discursos en la ONU de
Estados Unidos y la Unión Soviética después
de la caída del Muro de Berlín

Mario Saavedra Vergara

A mi compañera de vida

Carolina Matamala,

y a mis pequeñas ángeles

Emilia y Fernanda

Índice

Un regalo antes de leer

Antes de comenzar te quiero agradecer por haber comprado mi libro. Para demostrarlo, te quiero regalar la versión ebook en pdf de este libro totalmente gratis.

¡Escanea el código QR y disfruta!

Prólogo del Autor

Ahora mismo está en tus manos mi segundo libro sobre los más importantes y apasionantes discursos históricos pronunciados en la Asamblea General de las Naciones Unidas. Este libro es la secuela de "Discursos que cambiaron el mundo". Estos dos libros antológicos son inseparables. Si ya leíste el primero sabrás a que me refiero, y si no lo has leído aún, creo deberías hacerlo.

Es un honor tenerte a bordo de esta travesía literaria. Este libro es un compendio excepcional, una amalgama de dos discursos trascendentales pronunciados al mundo. Uno de ellos, magistralmente expresado por George H.W. Bush en representación de los Estados Unidos en el año 1990; el otro, una impactante intervención del Ministro de Asuntos Exteriores, Eduard A. Shevardnadze, quien habló en nombre de la Unión Soviética en el año 1990.

"La caída del Muro" congela en unas cuantas paginas décadas de tensión mundial, amenazas, presiones y todo lo que puedes imaginar que pasa en una guerra, en este caso la Guerra Fría. Este libro es una fotografía historiográfica del momento en que Estados Unidos y la Unión Soviética, las dos superpotencias que tuvieron al mundo bajo tensión durante casi medio siglo, se encuentran para declaran la cooperación para coexistir y el progreso para subsistir.

Me gustaría hacer un recorrido rápido del libro para que puedas tener una idea más clara de su contenido. He dividido el libro en tres partes para facilitar tu comprensión de los discursos en lo más extenso de sus dimensiones políticas, económicas, diplomáticas, geográficas, estratégicas, tácticas, culturales y de liderazgo, entre otras.

Para la primera parte del libro, he contado generosamente con la colaboración de Constanza Espinoza, Licenciada en Historia de la Universidad de Chile, Profesora de Educación Media en Historia de la Pontificia Universidad Católica de Chile y Magíster en Educación de la Universidad Finis Terrae de Chile. Ella nos ofrece una breve revisión historiográfica del contexto en el que se produjeron los discursos de este libro, desde el inicio de la Guerra Fría hasta la caída del Muro de Berlín en 1989 mandando el inicio del fin del bloque comunista y el cambio de paradigma en las relaciones internacionales.

La segunda parte, a la que he titulado "Desafíos Pendientes de Estados Unidos y Rusia post Guerra Fría", he analizado muy brevemente la posición en que ambos países quedaron luego de la caída del Muro y los desafíos que tendrían que enfrentar, donde una gran parte de ello aún hoy no tienen una solución, como el desarme nuclear, el conflicto en Medio Oriente, el respeto a los derechos humanos, el desarrollo y sostenibilidad económica, entre otros muy importantes.

Finalmente, en la tercera parte he dejado los discursos originales. En este capítulo, eres tú, sentado frente, directamente y en primera fila de la tribuna de la ONU. La idea, es que puedas no solo leer el texto y entenderlo, sino que realmente te invito a reflexionar y no solo en un ejercicio académico o histórico. La invitación es pensar sobre el presente y el futuro de nuestro planeta. Preguntarte quizás ¿Qué puedo aprender de la forma en que estos dos líderes se dirigieron a la comunidad internacional, en un momento de profundos cambios y tensiones? ¿Qué habilidades de comunicación, negociación, persuasión e inteligencia emocional demostraron y que podría aplicar en mi vida, en mi contexto? ¿Qué errores cometieron y qué aciertos tuvieron? ¿Qué valores y principios defendieron y qué compromisos asumieron?

Quizás hasta aquí te estás preguntando como específicamente este libro puede ayudarte. La respuesta claramente no está escrita explícitamente en este libro, pero te digo no es tan compleja. La última sección del libro la escribes tu. Ya sea cuando tengas una conversación más interesante con tus amigos, cuando entiendes mejor la macroeconomía mundial, cuando inviertes de forma más inteligente, cuando crear un negocio exitoso, cuando innovas en tu campo de trabajo, o cuando enfrentas cualquier desafío o problema. Este libro te dará las pistas y consejos de cómo hacerlo.

Este libro también quiere ser una fuente de inspiración y motivación para ti. Si logras aplicar en tu vida personal o profesional alguno de los conocimientos y herramientas que descubras aquí, significa que he cumplido mi objetivo y todo el esfuerzo y amor que he invertido en escribirlo ha valido la pena.

Éxito en todo lo que emprendas, ahora ve y se la mejor versión de ti mismo.

Historiografía previa: Un preludio intrigante.

Constanza Espinoza Villanueva

Licenciada en Historia, Universidad de Chile

Profesora de Ed. Media en Historia, PUC

Magíster en Educación, UFT.

El siglo XX trajo consigo una manera conflictiva y desafiante de relaciones entre las potencias mundiales. Después de la Primera Guerra Mundial (1914 - 1918), la humanidad creía haber aprendido la lección y superado los conflictos con el Tratado de Versalles[1] (1919). Sin embargo, esto fue

---

[1] El Tratado de Versalles, suscrito al finalizar la Primera Guerra Mundial por más de cincuenta naciones, marcó el cese oficial de hostilidades entre la Alemania del segundo Reich y los Aliados. Firmado el 28 de junio de 1919 en la Galería de los Espejos del Palacio de Versalles, exactamente cinco años después del atentado de Sarajevo que resultó en el asesinato del archiduque Francisco Fernando, el tratado tenía como objetivo poner fin a lo que se consideraba la "última guerra" y limitar posibles empresas militares futuras por parte de Alemania.

solo el comienzo, ya que, a partir de este hito, se "acordó" la designación arbitraria de vencedores y vencidos, propiciando principalmente la ascensión de Estados Unidos como la potencia mundial por excelencia.

La participación de Estados Unidos en la Gran Guerra[2] ocurrió cuando esta ya entraba en su última fase. Esto, no se debió a una casualidad, sino más bien, lo que llevó al país del norte a abandonar su neutralidad originalmente impuesta fue la defensa firme de la "democracia", construida como su argumento político fundamental, la que era claramente antagónica y contrapuesta al odio y enfrentamiento del discurso alemán.

Ricardo Krebs en su libro escribe, "*En los comienzos, el pueblo norteamericano no tuvo ningún interés en participar en la guerra europea. El Presidente Woodrow Wilson propuso seguir una política de neutralidad. Sin embargo, en el curso de la guerra, Wilson*

---

[2] La Gran Guerra, denominación que hace referencia a la Primera Guerra Mundial.

cambió de criterio y muchos estadounidenses empezaron a ver en Alemania al enemigo de Estados Unidos"[3]. De esta forma y progresivamente, la participación y hegemonía estadounidense se hizo realidad, siendo innegable su influencia en la Gran Guerra.

Habiendo terminado la guerra y con Estados Unidos como la gran nueva potencia, el mundo comenzó a experimentar una crisis frente a este nuevo sistema dominante.

Esta crisis se desarrolló fundamentalmente debido a la incapacidad de los Estados Democráticos para dar respuesta a las necesidades y a la coyuntura económica de la posguerra. Inevitablemente a esta cuestión surgieron partidos únicos que, a través del movimiento de masas, el populismo y la idea de un estado fuerte que dirigiera los destinos de las personas, fueron una respuesta a los cuestionamientos de las poblaciones del mundo ante tan magna crisis.

---

[3] Krebs Wilckens, Ricardo. (1982). Breve Historia Universal, Hasta El Año 2000, Editorial Universitaria.

Aunque los totalitarismos en Europa representaron dos corrientes de pensamiento distintas, el fascismo y el comunismo, ambas lograron ejercer control sobre la población de una u otra manera mediante métodos coercitivos. En particular, la Unión Soviética diluyó la democracia mediante la unificación de las repúblicas socialistas en un partido único, el comunista, y dio paso a una ideología centralista de planificación estatal de la economía, suprimiendo la libertad del individuo.

La Segunda Guerra Mundial (1939-1945) y sus consecuencias trajeron consigo nuevamente la consolidación de las ideas democráticas, con la mayoría de los países de Europa occidental regresando a sus filas. Aquellos considerados culpables fueron nuevamente castigados, y tras diversas conferencias (Teherán en 1943 y Yalta/Potsdam en 1945), se establecieron las áreas y ámbitos de influencia que los vencedores ocuparían en el territorio vencido, especialmente en Alemania.

La URSS, sin embargo, se apartó de la ideología de los otros tres países vencedores (Francia, Gran Bretaña y Estados Unidos), y gradualmente no solo se crearon diferencias ellos sino que más bien definieron dos visiones del mundo entre estos bloques. Así, la historia dio paso nuevamente a un ambiente de tensión mundial, catalizado por el enfrentamiento entre el comunismo de la Unión Soviética y la democracia liberal representada por Estados Unidos.

"A raíz de la segunda guerra [Europa] dejó de ser el centro del mundo. Su lugar fue ocupado ahora por dos potencias de dimensiones continentales: los Estados Unidos y la Unión Soviética" (Krebs, 2006).

Así es que la Guerra Fría se hizo sentir con toda su fuerza durante 45 años del siglo XX, enfrentando a estas dos potencias en diversos ámbitos de la realidad: la ciencia, el arte, el deporte e incluso en la carrera espacial. La necesidad de hegemonizar el panorama internacional fue tan grande que la URSS y EE.UU. vivieron la segunda mitad del siglo XX en una tensión y amenaza constante.

Por un lado, la URSS intentó resguardar la supremacía comunista en Europa Oriental, incluso después de la muerte de Stalin, adaptando la política interna e internacional con la del régimen de Nikita Krushchev (1953-1964). Y por otra parte, Estados Unidos intentó consolidar la idea de las democracias liberales, primero en Europa y luego en los países de América Latina donde los avances de las ideas marxistas se expandieron y fundieron naturalmente con el progreso de los movimientos obreros.

La política internacional de la Potencia Occidental se centró fuertemente en frenar la influencia de la URSS en América, disociándose y olvidándose a conveniencia de su propia idea de libertad, que proclamaba en todos los foros internacionales del planeta, al empujar quiebre democráticos y luego apoyando las dictaduras que tomaron los países latinoamericanos como la chilena.

Hacia mediados de los años 80, el mundo comenzó a cambiar drásticamente. En 1985, Mikhail S. Gorbachev asumió como secretario general del Partido Comunista en la Unión Soviética y con él la idea de unir los conceptos de socialismo y democracia, promoviendo el acercamiento entre las repúblicas que hasta entonces habían estado confinadas a la URSS a los países de corte liberal. Esta idea, resultaría el punto crucial de acercamiento a la política de Estados Unidos.

En el ámbito de la política exterior, Ronald Reagan como presidente de Estados Unidos[4] buscó moderar la política exterior de su país logrando a través de la diplomacia y la astucia política, el desarme[5] de la URSS. Por otro lado, y a pesar de los constantes esfuerzos que la Unión Soviética propició para generar relaciones internacionales que le permitieran salir de la inmovilidad, su tarea fue infructuosa. Finalmente en 1991, la URSS dimitió en

---

[4] Se hace referencia al segundo gobierno de Ronald Reagan (1981-1989).
5 El 7 de diciembre de 1987, Ronald Reagan y Mikhail S. Gorbachev se reunieron en Washington para firmar un tratado para la eliminación de todos los misiles de alcance intermedio situados en Europa.

su tarea, lo que concretó incluso un desastre político aún más grande para su Estado. La caída del comunismo en Europa Oriental y por consiguiente la disolución definitiva de la URSS, dando paso a una nueva nación llamada Rusia.

Hoy, ya habiendo transcurrido treinta años desde la caída de la URSS y completado casi el primer cuarto del XXI, podemos revisar múltiples desafíos políticos y consecuencias históricas que tanto Estados Unidos como Rusia han debido hacer frente. Quizás la más importante de estas reflexiones, se encuentra claramente reflejada en la situación actual de dichos países. Si bien por un lado, la democracia pregonada por la potencia occidental resultó victoriosa frente a la idea del Estado centralizado de la potencia oriental, Estados Unidos no ha sabido resolver problemas fundamentales de su modelo político liberal y económico social de libre mercado. Y por otro lado, Rusia, aún avanza hacia el presente con la mirada fija hacia el pasado. Ha reformulado y mantenido viva durante todo este tiempo su ideología de concentración de poderes y la limitación de libertades, mientras que intenta que intenta transitar el camino de la democracia.

Desafíos Pendientes de Estados Unidos y Rusia post Guerra Fría.

<u>Estados Unidos</u>

Desde el término de la Guerra Fría en 1991, Estados Unidos ha enfrentado una serie de desafíos persistentes que han moldeado su trayectoria política y global. La gestión de crisis como la guerra en Afganistán y las amenazas terroristas internacionales ha sido fundamental. A nivel doméstico, desafíos como la desigualdad social y racial, la inmigración y la polarización política han marcado la agenda. Problemas económicos, desde la Gran Recesión hasta la gestión de la deuda, han requerido respuestas continuas. A nivel internacional, el manejo de relaciones con Corea del Norte, tensiones en el Medio Oriente y la competencia con potencias como China y Rusia también han sido cruciales. Estos desafíos delinean el complejo escenario que ha definido la posición de Estados Unidos en el mundo contemporáneo.

Algunos desafíos pendientes de Estados Unidos son:

1.   Crisis de Corea del Norte:

Desarrollo nuclear de Corea del Norte y las tensiones resultantes.

2.   Guerra en Afganistán:

La guerra en Afganistán, que comenzó en 2001, ha sido un desafío prolongado para lograr la estabilidad y la paz.

3.   Terrorismo internacional:

Amenazas persistentes de organizaciones terroristas como Al-Qaeda e ISIS.

4.   Conflictos en Medio Oriente:

Inestabilidad en la región, incluyendo la guerra civil en Siria y tensiones con Irán.

5.   Desafíos económicos:

Crisis económicas y desafíos relacionados, como la Gran Recesión de 2008 y la gestión de la deuda.

6.   Cambio climático:

La necesidad de abordar el cambio climático y sus efectos, así como la participación en acuerdos internacionales.

7.   Desigualdad social y racial:

Desafíos persistentes en términos de desigualdad racial y social dentro de Estados Unidos.

8.   Inmigración:

La gestión de la inmigración, incluyendo la búsqueda de soluciones para los problemas relacionados con la inmigración ilegal.

9.   Desafío de la deuda nacional:

La preocupación y gestión de la deuda nacional, con debates sobre límites de endeudamiento y políticas fiscales.

10.   Desafíos en la política exterior:

Mantener relaciones diplomáticas en un entorno global cambiante, con desafíos como la relación con Rusia y la competencia con China.

11.   Salud pública:

Manejo de crisis de salud pública, como la pandemia de COVID-19.

12.   Sistema de salud:

La búsqueda de soluciones para problemas persistentes en el sistema de salud, incluyendo acceso y costos.

13.   Desafíos educativos:

Mejora del sistema educativo y abordar las brechas en el rendimiento académico. El crecimiento significativo de la deuda estudiantil y los desafíos asociados con el acceso a la educación superior.

14.   Desigualdad de ingresos:

El aumento de la desigualdad de ingresos y la concentración de la riqueza, lo que ha llevado a debates sobre políticas fiscales y sociales.

15.   Desafíos en el sistema político:

Problemas como la polarización política y la reforma del sistema electoral.

<u>Rusia</u>

Desde el colapso de la Unión Soviética en 1991, Rusia ha enfrentado una serie de desafíos multifacéticos que han moldeado su trayectoria política, económica y social. La transición de una economía planificada a una sociedad de mercado y democracia plena ha presentado obstáculos persistentes, y la herencia de la era soviética sigue influyendo en el país. Las relaciones tensas con Ucrania, marcadas por la anexión de Crimea en 2014 y el conflicto en el este del país, han contribuido a las complejas dinámicas geopolíticas en Europa. A nivel internacional, Rusia ha tenido que lidiar con cuestiones económicas cruciales, desde la diversificación de su economía hasta la gestión de la ciberseguridad y la competencia en el escenario mundial. Mientras busca mantener su influencia regional e internacional, Rusia también se enfrenta a desafíos internos, como problemas demográficos, tensiones políticas y preocupaciones en materia de derechos humanos. Este panorama aborda algunos de los desafíos clave que Rusia ha experimentado desde el final de la Guerra Fría, definiendo su papel en el escenario global contemporáneo.

Algunos desafíos pendientes de Rusia son:

1.   Herencia de la Unión Soviética:

La transición de la era soviética a una economía de mercado y una democracia plena ha sido un desafío continuo.

2.   Relaciones con Ucrania:

La anexión de Crimea en 2014 y el conflicto en el este de Ucrania han creado tensiones con Ucrania y la comunidad internacional.

3.   Relaciones con la OTAN:

Las tensiones y desafíos en las relaciones con la OTAN, especialmente en relación con la expansión de la OTAN hacia el este.

4.   Desafíos económicos:

La diversificación de la economía y la gestión de la dependencia de los recursos naturales, especialmente el petróleo y el gas.

5.   Ciberseguridad y Guerra Cibernética:

La participación en actividades cibernéticas y la gestión de la ciberseguridad a nivel nacional e internacional.

6.   Influencia en Europa:

La búsqueda de influencia en Europa, a veces compitiendo con la Unión Europea y tratando de fortalecer lazos con países individuales.

7.   Intervenciones en Siria y Medio Oriente:

La participación en el conflicto en Siria y las relaciones con otros actores en la región.

8.   Derechos Humanos y Democracia:

Desafíos en términos de derechos humanos y democracia, incluyendo preocupaciones sobre la libertad de prensa y la oposición política.

9.   Desafíos demográficos:

Problemas demográficos, como la disminución de la población y el envejecimiento de la sociedad.

10.   Desafíos en el Ártico:

La competencia por recursos y la gestión de disputas en el Ártico a medida que el hielo se derrite.

11.	Relaciones con China:

La gestión de la relación con China, que puede ser tanto una asociación estratégica como una competencia en algunos aspectos.

12.	Extremismo y Terrorismo:

Desafíos relacionados con el extremismo y el terrorismo, tanto a nivel interno como en relación con sus vecinos.

13.	Desarrollo tecnológico y militar:

La modernización tecnológica y militar para mantenerse como una potencia global.

14.	Desafíos medioambientales:

La gestión de problemas medioambientales, incluyendo la contaminación y la sostenibilidad.

15.	Polarización política interna:

Desafíos relacionados con la polarización política interna y la gestión de la oposición política.

Discurso de Estados Unidos[i]:

George H.W. Bush (1990)

1 de octubre de 1990. Discurso Sede Permanente de la ONU, Asamblea General, Nueva York (EE. UU.)

Señor Presidente, muchas gracias. Señor Secretario General, distinguidos delegados de las Naciones Unidas, es realmente un gran privilegio saludarles hoy mientras comenzamos lo que marca una nueva e histórica sesión de la Asamblea General. Mis felicitaciones al Honorable Guido De Marco por su elección, señor, como Presidente de la Asamblea General. Y en una nota personal, quiero decir que, habiendo sido testigo de la unidad sin precedentes y la cooperación de los últimos 2 meses, nunca me he sentido más orgulloso de haber servido una vez en sus filas y nunca me he sentido más orgulloso de que los Estados Unidos sea el país anfitrión de las Naciones Unidas.

Hace cuarenta y cinco años, mientras aún ardían las llamas de una guerra épica en dos océanos y dos continentes, un pequeño grupo de hombres y mujeres comenzó la búsqueda de la esperanza entre las ruinas. Se reunieron en San Francisco, alejándose de la confusión y el horror, para intentar dar forma a una nueva estructura que pudiera apoyar un antiguo sueño. Intensamente idealistas pero templados por la guerra, buscaron construir un nuevo tipo de puente: un puente entre naciones, un puente que pudiera ayudar a la humanidad a pasar de su hora más oscura a su día más brillante.

La fundación de las Naciones Unidas encarnaba nuestras esperanzas más profundas de un mundo en paz, y durante el último año, nos hemos acercado más que nunca a hacer realidad esas esperanzas. Hemos visto un siglo dividido por amenazas y alambre de púas ceder paso a una nueva era de paz, competencia y libertad.

La Revolución de '89 barrió el mundo casi como una fuerza propia, impulsada por una nueva brisa de libertad. Transformó el clima político desde Europa Central hasta América Central y tocó casi todos los rincones del mundo. Esa brisa ha sido sostenida por un reconocimiento casi universal de una verdad simple y fundamental: el espíritu humano no puede ser encerrado para siempre. La verdad es que las personas en todas partes están motivadas de manera muy similar. Y las personas en todas partes quieren cosas muy similares: la oportunidad de vivir una vida con propósito; la oportunidad de elegir una vida en la que ellos y sus hijos puedan aprender y crecer de manera saludable, adorar libremente y prosperar a través del trabajo de sus manos y sus corazones y sus mentes. No estamos hablando del poder de las naciones, sino del poder de los individuos, el poder de elegir, el poder de arriesgarse, el poder de tener éxito.

Este es un mundo nuevo y diferente. No desde 1945 hemos visto la posibilidad real de utilizar las Naciones Unidas como se diseñó: como un centro para la seguridad colectiva internacional.

Los cambios en la Unión Soviética han sido críticos para el surgimiento de unas Naciones Unidas más fuertes. La relación entre Estados Unidos y la Unión Soviética está finalmente más allá de la contención y la confrontación, y ahora buscamos cumplir la promesa de una comprensión mutuamente compartida. La larga lucha crepuscular que durante 45 años dividió Europa, nuestras dos naciones y gran parte del mundo ha llegado a su fin.

Mucho ha cambiado en los últimos dos años. La Unión Soviética ha dado muchos pasos dramáticos e importantes para participar plenamente en la comunidad de naciones. Y cuando la Unión Soviética acordó con tantos de nosotros aquí en las Naciones Unidas condenar la agresión de Irak, no podía haber duda --ninguna duda entonces-- de que habíamos dejado, de hecho, atrás cuatro décadas de historia.

Tenemos la esperanza de que la maquinaria de las Naciones Unidas ya no esté paralizada por las divisiones que nos aquejaron durante la Guerra Fría, que por fin --al fin-- podamos construir nuevos puentes y derribar viejas barreras, que por fin podamos construir un nuevo mundo basado en un acontecimiento por el que todos hemos esperado: el fin de la Guerra Fría.

Dentro de dos días, el mundo estará observando cuando la Guerra Fría sea formalmente enterrada en Berlín. Y en este momento de prueba, debe plantearse una pregunta fundamental, una pregunta no solo para una nación, sino para las Naciones Unidas. Y la pregunta es la siguiente: ¿Podemos trabajar juntos en una nueva asociación de naciones? ¿Puede la fuerza colectiva de la comunidad mundial, expresada por las Naciones Unidas, unirse para disuadir y derrotar la agresión? Porque la batalla de ideas de la Guerra Fría no es la última batalla épica de este siglo.

Hace dos meses, en las últimas semanas de uno de los veranos más esperanzadores de la historia, la vasta y tranquila belleza del desierto de Kuwait se vio ensuciada por el olor a diésel y el estruendo de los tanques de acero. Una vez más, el sonido del trueno a lo lejos resonó en un cielo despejado, y una vez más el mundo se despertó para enfrentar las armas de agosto.

Pero esta vez, el mundo estaba preparado. La firme respuesta del Consejo de Seguridad de las Naciones Unidas a la agresión no provocada de Iraq ha sido sin precedentes. Desde la invasión del 2 de agosto, el Consejo ha aprobado ocho resoluciones importantes estableciendo los términos para una solución a la crisis.

El régimen iraquí todavía no enfrenta los hechos, pero como dije el mes pasado, no se permitirá que la anexión de Kuwait se mantenga. Y esta no es simplemente la opinión de los Estados Unidos; es la opinión de cada kuwaití, de la Liga Árabe, de las Naciones Unidas. Los líderes de Iraq deberían escuchar: es Iraq contra el mundo.

Aprovecho esta oportunidad para dejar clara la política de mi gobierno. Estados Unidos apoya el uso de sanciones para obligar a los líderes de Iraq a retirarse inmediatamente y sin condiciones de Kuwait. También apoyamos la provisión de medicinas y alimentos con fines humanitarios, siempre que la distribución pueda ser adecuadamente supervisada. Nuestra disputa no es con el pueblo de Iraq. No deseamos que sufran. La disputa del mundo es con el dictador que ordenó esa invasión.

Junto con otros, hemos enviado fuerzas militares a la región para hacer cumplir las sanciones, disuadir y, si es necesario, defenderse contra futuras agresiones. Y no buscamos ninguna ventaja para nosotros mismos, ni pretendemos mantener nuestras fuerzas militares en Arabia Saudita un día más de lo necesario. Las fuerzas estadounidenses fueron enviadas a petición del Gobierno saudí, y el pueblo estadounidense y este Presidente desean que cada soldado estadounidense sea repatriado tan pronto como se complete esta misión.

Permítanme también enfatizar que todos nosotros aquí en la ONU esperamos que nunca se utilice la fuerza militar. Buscamos un resultado pacífico, un resultado diplomático. Y una cosa más: Después de la partida incondicional de Iraq de Kuwait, realmente creo que puede haber oportunidades para que Iraq y Kuwait resuelvan sus diferencias de manera permanente, para que los estados del Golfo construyan nuevos acuerdos para la estabilidad y para que todos los estados y pueblos de la región resuelvan los conflictos que dividen a los árabes de Israel.

Pero la tarea clave del mundo, ahora, primero y siempre, debe ser demostrar que la agresión no será tolerada ni recompensada. A través del Consejo de Seguridad de la ONU, Iraq ha sido juzgado de manera justa por un jurado de sus pares, las mismas naciones de la Tierra. Hoy en día, el régimen está aislado y fuera de sintonía con los tiempos, separado del mundo civilizado no por el espacio, sino por siglos.

La agresión no provocada de Iraq es un retroceso a otra era, un oscuro vestigio de un tiempo oscuro. Ha saqueado Kuwait. Ha aterrorizado a civiles inocentes. Incluso ha mantenido a diplomáticos como rehenes. Iraq y sus líderes deben ser responsables por estos crímenes de abuso y destrucción. Pero este flagrante desprecio por los derechos humanos básicos no es una sorpresa total. Miles de iraquíes han sido ejecutados por motivos políticos y religiosos, y muchos más a través de una guerra de gases venenosos genocida librada contra los propios aldeanos kurdos de Iraq.

Como comunidad mundial, debemos actuar no solo para disuadir el uso de armas inhumanas como el gas mostaza y el gas nervioso, sino para eliminar completamente esas armas. Y es por eso que, hace un año, vine a la Asamblea General con nuevas propuestas para desterrar estas armas terribles de la faz de la Tierra. Prometí que Estados Unidos destruiría más del 98 por ciento de su arsenal en los primeros 8 años de un tratado de prohibición de armas químicas y el 100 por ciento, todas ellas, en 10 años, si todas las naciones con capacidades químicas, armas químicas, firmaban el tratado. Hemos cumplido esas promesas. En junio, Estados Unidos y la Unión Soviética firmaron un acuerdo histórico para detener la producción y destruir la gran mayoría de nuestros arsenales. Hoy en día, las armas químicas de Estados Unidos se están destruyendo.

Pero el tiempo se agota. Esto no es solo una preocupación bilateral. La crisis del Golfo demuestra cuán importante es actuar juntos y actuar ahora para concluir una prohibición absoluta y mundial de estas armas. También debemos redoblar nuestros esfuerzos para frenar la proliferación de armas nucleares, armas biológicas y los misiles balísticos que pueden causar destrucción a pueblos distantes.

Las Naciones Unidas pueden contribuir a traer un nuevo día, un día en el que estos terribles armamentos y los terribles déspotas que quisieran usarlos sean cosa del pasado. Está en nuestras manos dejar atrás estas máquinas oscuras, en la Edad Media a la que pertenecen, y avanzar hacia el cierre de un movimiento histórico hacia un nuevo orden mundial y una larga era de paz.

Tenemos una visión de una nueva asociación de naciones que trasciende la Guerra Fría: una asociación basada en la consulta, la cooperación y la acción colectiva, especialmente a través de organizaciones internacionales y regionales; una asociación unida por principios y el imperio de la ley, respaldada por un reparto equitativo tanto de costos como de compromisos; una asociación cuyos objetivos son aumentar la democracia, aumentar la prosperidad, aumentar la paz y reducir las armas.

Y al mirar hacia el futuro, el calendario ofrece un hito conveniente, un punto de referencia con el que medir nuestro progreso como comunidad de naciones. El año 2000 marca un punto de inflexión, que no solo marca el cambio de década, no solo el cambio de siglo, sino también el cambio de milenio. Y dentro de 10 años, cuando comience la 55ª sesión de la Asamblea General, nos encontrarán en esta sala, con el cabello quizás un poco más gris, tal vez con un poco menos de agilidad en nuestros pasos; pero no nos encontrarán con menos esperanza, idealismo o confianza en el triunfo final de la humanidad.

Veo un mundo de fronteras abiertas, comercio abierto y, lo más importante, mentes abiertas; un mundo que celebra el patrimonio común que pertenece a todas las personas del mundo, que se enorgullece no solo de la ciudad natal o de la tierra natal, sino de la humanidad misma. Veo un mundo tocado por un espíritu como el de los Juegos Olímpicos, basado no en la competencia impulsada por el miedo, sino buscada por la alegría y la emoción y una verdadera búsqueda de la excelencia. Y veo un mundo en el que la democracia continúa ganando nuevos amigos y convirtiendo a los antiguos en aliados, y donde las Américas, el Norte, el Centro y el Sur, pueden ofrecer un modelo para el futuro de toda la humanidad: el primer hemisferio completamente democrático del mundo. Y veo un mundo que se basa en el nuevo modelo emergente de unidad europea, no solo Europa, sino el mundo entero unido y libre.

Es precisamente por esto que la actual agresión en el Golfo es una amenaza no solo para la seguridad de una región, sino para la visión del mundo entero de nuestro futuro. Amenaza con convertir el sueño de un nuevo orden internacional en una pesadilla sombría de anarquía en la que la ley de la selva suplanta la ley de las naciones. Y es por eso que las Naciones Unidas reaccionaron con tanta unidad y determinación. Y es por eso que este desafío es una prueba que no nos podemos permitir fallar. Estoy seguro de que prevaleceremos. El éxito también tendrá consecuencias duraderas: reforzará los estándares civilizados de conducta internacional, establecerá un nuevo precedente en la cooperación internacional, y mejorará las perspectivas de nuestra visión del futuro.

Quedan 10 años hasta que termine este siglo, 10 años más para dejar atrás definitivamente las luchas del siglo XX, 10 años más para ayudar a lanzar una nueva asociación de naciones. Y a lo largo de esos 10 años, y a partir de ahora, las Naciones Unidas tienen un papel nuevo y vital en la construcción de esa asociación. La Asamblea General del año pasado mostró cómo podemos hacer un mayor progreso hacia una ONU más pragmática y exitosa. Y por primera vez, el Consejo de Seguridad de la ONU está empezando a funcionar como estaba diseñado para hacerlo. Y ahora es el momento de dejar de lado los viejos y contraproducentes debates y procedimientos y controversias y resoluciones. Es hora de reemplazar los ataques polémicos con acciones pragmáticas.

Y hemos demostrado que la ONU puede contar con la fuerza colectiva de la comunidad internacional. Hemos demostrado que la ONU puede estar a la altura del desafío de la agresión, tal como sus fundadores esperaban que lo hiciera. Y ahora es el momento de la prueba. También debemos demostrar que las Naciones Unidas son el lugar para construir el apoyo y el consenso internacionales para enfrentar los otros desafíos que enfrentamos.

El mundo sigue siendo un lugar peligroso; y nuestra seguridad y bienestar a menudo dependen, en parte, de eventos que ocurren lejos. Necesitamos esfuerzos internacionales de cooperación seria para avanzar en la lucha contra las amenazas al medio ambiente, el terrorismo, la gestión de la deuda, la lucha contra el azote del tráfico de drogas internacional y los esfuerzos de mantenimiento de la paz en todo el mundo.

Pero el mundo también sigue siendo un lugar lleno de esperanza. En todas partes están renaciendo llamados a la democracia y los derechos humanos, y estos llamados son una expresión de apoyo a los valores consagrados en la Carta de las Naciones Unidas. Fomentan nuestras esperanzas de un mundo más estable, más pacífico y más próspero.

Las elecciones libres son la base del gobierno democrático y pueden producir éxitos dramáticos, como hemos visto en Namibia y Nicaragua. Ha llegado el momento de estructurar de manera más formal el papel de las Naciones Unidas en tales esfuerzos. Por lo tanto, hoy propongo que las Naciones Unidas establezcan un Coordinador Especial para la Asistencia Electoral, asistido por una Comisión Electoral de las Naciones Unidas compuesta por expertos distinguidos de todo el mundo.

Al igual que con las elecciones libres, también creemos que la membresía universal en las Naciones

Unidas para todos los Estados es fundamental para el futuro de esta organización y para esta nueva asociación de la que hemos hablado. En apoyo de este principio y en conjunción con los esfuerzos de las Naciones Unidas para reducir las tensiones regionales, Estados Unidos apoya plenamente la membresía de las Naciones Unidas para la República de Corea. Lo hacemos sin perjuicio del objetivo final de la reunificación de la península coreana y sin oponernos a la membresía simultánea de la República Democrática Popular de Corea.

Sobre la base de estas y otras iniciativas, debemos unirnos en un nuevo pacto, todos nosotros, para llevar a las Naciones Unidas al siglo XXI, y hoy hago un llamado a un importante esfuerzo a largo plazo para lograrlo. Deberíamos basarnos en el éxito, el admirable éxito, de nuestro distinguido Secretario General, mi amigo de toda la vida y también el suyo, mi colega de toda la vida, podría decir, Javier Pérez de Cuéllar. Deberíamos esforzarnos por lograr una mayor eficacia y eficiencia de las Naciones Unidas.

Estados Unidos se compromete a desempeñar su papel, a ayudar a mantener la seguridad global, a promover la democracia y la prosperidad. Y mi administración está totalmente comprometida a apoyar a las Naciones Unidas y a pagar lo que estamos obligados a pagar por nuestro compromiso con la Carta. La paz y la seguridad internacionales, y la libertad y prosperidad internacionales, requieren no menos.

El mundo debe saber y entender: A partir de esta hora, de este día, de esta sala, avanzamos con un nuevo sentido de propósito, un nuevo sentido de posibilidades. Estamos juntos, preparados para nadar contra la corriente, para subir la cuesta, para enfrentar los desafíos difíciles a medida que surgen, no solo como las Naciones Unidas, sino como las naciones del mundo unidas.

Y así, que se diga de la última década del siglo XX: este fue un tiempo en el que la humanidad alcanzó su plenitud, en el que emergimos del polvo y el humo de la era industrial para llevar a cabo una revolución del espíritu y la mente y comenzamos un viaje hacia un nuevo día, una nueva era y una nueva asociación de naciones.

Las Naciones Unidas están cumpliendo su promesa como el parlamento de la paz del mundo. Y les felicito. Les apoyo. Y les deseo éxito en los desafíos que tienen por delante. Muchas gracias.

Discurso de la Unión Soviética[ii]:

Eduard A. Shevardnadze (1990)

25 de septiembre de 1990. Discurso Sede Permanente de la ONU, Asamblea General, Nueva York (EE. UU.)

En primer lugar, señor Presidente, me gustaría felicitarlo por su elección al alto cargo que ocupa. Esto no solo es un tributo a sus grandes cualidades personales, sino también un reconocimiento al papel de Malta en los asuntos internacionales. También debo expresar nuestro agradecimiento especial a los incansables esfuerzos del Secretario General de las Naciones Unidas, el Sr. Pérez de Cuéllar. Su fe inagotable en las capacidades de la Organización, su perseverancia y su capacidad para la innovación han contribuido mucho a aumentar la autoridad de la Organización. La delegación soviética está de acuerdo con las ideas básicas contenidas en el informe del Secretario General sobre el trabajo de la Organización en el último año.

Por último, deseamos dar una cálida bienvenida a la delegación del Principado de Liechtenstein y felicitarla por la admisión de ese país a las Naciones Unidas. Cooperaremos con ella en todas las esferas.

Desde el excepcional punto de vista de esta cuadragésima quinta sesión de la Asamblea General de las Naciones Unidas, se puede mirar hacia atrás con asombro de lo sorprendentemente diferente que es el terreno que hemos recorrido en solo un año en comparación con el paisaje familiar de las cuatro décadas anteriores y más. Políticamente, este no ha sido solo un año calendario, sino un año luz en la historia del mundo. La "guerra fría", con su estrés acompañante, psicosis y anticipación de desastres, ya no es parte de nuestra vida. Ha desaparecido la tensión de la confrontación diaria, las disputas de propaganda y las amenazas recíprocas.

Este ha sido un año en el que fragmentos del muro de Berlín eran souvenirs populares. Y ahora ya no hay una división física de Europa, y se ha trazado una línea final bajo la Segunda Guerra Mundial. La unificación de los dos Estados alemanes se está completando. La "cuestión alemana", ese problema "grande" y "clásico" de la política mundial que solo ayer parecía intratable, se ha resuelto de manera tranquila y mutuamente satisfactoria. En nombre del pueblo soviético, de todos los ciudadanos soviéticos, quiero ofrecer nuestras sinceras y afectuosas felicitaciones al pueblo alemán, a la nación alemana, por este tremendo evento en la historia de ese Estado y de ese pueblo y en la historia de Europa.

Casi imperceptiblemente, los bloques militares han perdido a sus enemigos. Están comenzando a construir sus relaciones sobre una nueva base, alejándose de la confrontación, que está siendo erosionada por el desarme, las reducciones en el gasto en defensa, la expansión de medidas de construcción de confianza y el surgimiento de estructuras de seguridad colectivas y cooperativas.

Se ha logrado un progreso sin precedentes en la resolución pacífica de conflictos regionales por medios políticos. En el sur de África, se ha implementado el plan de las Naciones Unidas para otorgar la independencia a Namibia. La situación en Nicaragua se ha resuelto, y está en marcha una búsqueda dinámica de la paz en Camboya, Afganistán y otros puntos críticos del globo. No debemos olvidar Angola, Etiopía, Chipre, la península de Corea y el Sáhara Occidental. Todo esto se está haciendo con la participación más activa de las Naciones Unidas.

Estos cambios positivos en el mundo, podemos decir sin exagerar, han sido impulsados por la nueva naturaleza de las relaciones entre la Unión

Soviética y los Estados Unidos, que están evolucionando de la cooperación a la interacción y asociación. Las reuniones de los presidentes de las superpotencias en Malta, Camp David y Helsinki han sido eventos importantes en la política mundial. El entorno político está siendo claramente definido por el reconocimiento mundial de la supremacía de los valores humanos universales. Las formas democráticas se están consolidando en la gestión de los asuntos de los Estados y en la conducción de los asuntos internacionales.

Las Naciones Unidas, también, están renaciendo. Nos complace señalar que las ideas del presidente Gorbachov de la Unión Soviética sobre el papel de la Organización en un mundo en cambio han sido encontradas en armonía con la opinión mayoritaria y con las demandas de la vida real. Los conceptos centrales de la política actual son la cooperación, la interacción y la asociación en la solución de problemas globales extremadamente severos, como el subdesarrollo económico, la pobreza, la desigualdad social y la protección del medio ambiente.

Si esta sesión hubiera tenido lugar antes de agosto de 1990, tendríamos todas las razones para decir que la humanidad había salido de un paso estrecho y peligroso y que tenía horizontes amplios y brillantes por delante. Pero ahora nuestro campo de visión se ha oscurecido por la nube oscura de la agresión contra Kuwait. En ese "Jueves Negro", Irak violó flagrantemente la Carta de las Naciones Unidas, los principios del derecho internacional, las normas universalmente reconocidas de moralidad y los estándares de comportamiento civilizado. Irak ha cometido un acto de agresión no provocado, ha anexado un Estado soberano vecino, ha tomado miles de rehenes y está recurriendo a chantajes sin precedentes, amenazando con el uso de armas de destrucción masiva.

Hay también otra dimensión en la acción de Irak. Es un golpe dirigido esencialmente contra todo lo que la humanidad ha logrado recientemente, todo lo que hemos podido lograr juntos adoptando el nuevo pensamiento político para determinar nuestro futuro. Un acto que indudablemente se puede describir sin exagerar como un acto de terrorismo ha sido perpetrado contra el surgimiento del nuevo orden mundial. Esto es un gran ultraje a la humanidad. A menos que encontremos una manera de responder y manejar la situación, la civilización retrocederá medio siglo.

Las acciones de Irak están teniendo y tendrán las consecuencias más graves para el propio pueblo iraquí y para millones de hombres, mujeres y niños en muchos países del mundo, para sus esperanzas y su futuro. Una guerra a gran escala puede estallar en la región del Golfo Pérsico en cualquier día, a cualquier hora.

Desde esta tribuna, nos gustaría hacer un llamamiento una vez más a los líderes de Irak. Estamos haciendo este llamado como sus antiguos amigos y como un país que ha tenido el coraje de condenar sus propios errores contra ciertos Estados en el pasado. Les instamos a cambiar su pensamiento y obedecer las demandas no solo de la ley sino también del sentido común, a adoptar una actitud responsable y humana, sobre todo hacia el pueblo iraquí, que estamos convencidos ansía la paz, la tranquilidad y buenas relaciones con sus vecinos.

Confiamos también en que en este momento de grave prueba, los pueblos y Estados árabes estarán a la altura de las esperanzas de la humanidad y ayudarán a encontrar una salida a la crisis del Golfo Pérsico. Esto haría posible abordar otros focos de conflicto en el Medio Oriente y, finalmente, encontrar una solución justa al problema de Palestina.

Si el mundo ha sobrevivido hasta hoy, es porque en momentos trágicos de su historia, las fuerzas del mal siempre fueron enfrentadas por las fuerzas del bien, el poder arbitrario por el imperio de la ley, la traición y la bajeza por el honor y la decencia, y la violencia por la fuerza del espíritu y la fe en la justicia.

Hoy no es momento para regocijarse, pero no se puede evitar sentir cierta satisfacción por la unidad sin precedentes del Consejo de Seguridad y la evaluación inequívoca de la opinión pública internacional sobre el comportamiento de Irak. Esto nos da confianza en la capacidad de las Naciones Unidas para lidiar con esta grave crisis internacional. Como queda claro por las posiciones adoptadas por los miembros de la Organización, el Consejo de Seguridad tiene el mandato de llegar tan lejos como los intereses de la paz mundial lo requieran. No tengo duda de que la reunión de hoy, en la que ya se ha llegado a un acuerdo, demostrará una vez más la unidad y determinación de nuestro órgano colectivo, el Consejo de Seguridad, en tales situaciones.

Algunos pueden pensar que Irak está siendo juzgado por un estándar diferente, uno más alto que el aplicado a otros países incluso en el pasado reciente. Mi respuesta es la siguiente: es bueno que hayamos llegado a este punto. Es bueno que hayamos adoptado una vara de medir humana universal de bien y mal, que hayamos comenzado a llamar a la agresión por su nombre adecuado y consideremos necesario condenar y castigar a su perpetrador y ayudar a las víctimas de la injusticia.

Estos días son tiempos difíciles, una prueba para la Organización. Si supera esta prueba, mejorará inmensamente su prestigio, adquirirá nuevas experiencias y nuevas capacidades. No hay duda de que las utilizará para promover la restauración de la paz y la justicia en otras situaciones de conflicto y para asegurar la implementación de sus resoluciones relacionadas con todos los problemas regionales mencionados por oradores anteriores.

Un enfoque basado en el interés común de la humanidad no permite ningún otro curso de acción. A partir de ahora, la comunidad mundial tiene la intención de actuar bajo un único conjunto de normas.

Las relaciones internacionales se están liberando de los vestigios de la "guerra fría", que durante muchos años tuvo un efecto negativo en el orden legal mundial. Estamos volviendo a ser Naciones Unidas y regresando a nuestra propia constitución global, la Carta de las Naciones Unidas, a aquellas de sus disposiciones que fueron olvidadas por un tiempo, pero que la experiencia ha demostrado ser indispensables para la tarea más importante y necesaria, el mantenimiento de la paz y la seguridad internacionales. El establecimiento de los principios del nuevo pensamiento en la política mundial nos ha permitido comenzar a implementar las medidas efectivas de persuasión y ejecución previstas en la Carta.

En el contexto de los eventos recientes, me gustaría recordar a aquellos que consideran la agresión como una forma aceptable de comportamiento que las Naciones Unidas tienen la autoridad para tomar medidas para "la represión de actos de agresión". Ya hay pruebas suficientes de que ese derecho puede ejercerse.

Por supuesto, antes de eso, y reitero "antes de eso", se deben ejercer todas las formas políticas, pacíficas y no militares de presión sobre el agresor, obviamente en combinación con medidas de ejecución económica y otras.

De cierta manera, la crisis del Golfo Pérsico no es solo una tragedia y una amenaza peligrosa para la paz, sino también un serio desafío para todos nosotros para revisar las formas y medios de mantener la seguridad en nuestro planeta, los métodos de proteger la ley y el orden, el mecanismo para controlar los procesos que afectan al estado de la civilización humana, en el sentido más amplio del término, y el papel de las Naciones Unidas.

No puede ser de otra manera en el mundo actual, solo de esta manera podemos hacer que el período de paz sea duradero e irreversible y dar seguimiento a nuestro éxito inicial en generar un clima más saludable en las relaciones internacionales.

La vida presenta nuevas tareas. Lo que se necesitará ante todo es, en nuestra opinión, un esfuerzo por obtener una comprensión teórica y conceptual de las realidades políticas, militares, tecnológicas, económicas, ecológicas, humanitarias y culturales del mundo moderno y de su dimensión humana. El mundo se está consolidando en torno a valores humanos universales. La asociación está reemplazando a la rivalidad. Sobre esta base, se están construyendo relaciones entre muchos países que antes se veían mutuamente como adversarios y rivales.

La Asociación no es simplemente un término de moda. Se hizo evidente durante la última crisis y subyace en la interacción cercana y constructiva entre los miembros permanentes del Consejo de Seguridad. Pero el declive de la rivalidad Este-Oeste como factor real o percibido en las relaciones internacionales puede traer nuevas figuras y nuevos fenómenos al escenario de la política mundial. Uno de estos fenómenos con los que probablemente tendremos que lidiar es el de las pretensiones de hegemonía regional.

Entre los problemas que asumen una importancia crítica para el futuro de la humanidad se encuentran la no proliferación de tecnologías nucleares, químicas, bacteriológicas y de misiles, y, más generalmente, el desproporcionado crecimiento del sector militar en las economías y vidas de algunos países o Estados. Incluso en el pasado, las doctrinas del "equilibrio del terror" y la "disuasión nuclear" eran medios cuestionables para mantener la seguridad del mundo. En las nuevas condiciones de hoy, simplemente se han vuelto irrelevantes.

Necesitamos definir los criterios de suficiencia en defensa. Después de la agresión iraquí, parecería difícil hablar de esto. Después de todo, ¿qué puede ser suficiente frente a lo irracional? Por otro lado, esta agresión ha vuelto a subrayar la validez del argumento de que ningún país debería tener la prerrogativa exclusiva o la libertad absoluta para determinar su propio nivel de armamento. Cualquier otro enfoque resultaría en una carrera armamentista desenfrenada y una militarización total. Debemos dirigirnos hacia principios diferentes, hacia la acomodación de las preocupaciones de los demás y hacia un equilibrio de armamentos en los niveles más bajos posibles.

En la Unión Soviética tenemos la desafortunada experiencia de haber construido una capacidad militar excesiva, y sabemos muy bien cuánto costó. Esto se debió más a una evaluación errónea de la situación y al deseo de proteger al país contra cualquier eventualidad que a malas intenciones o agresividad. En ese momento, nosotros y nuestros rivales adoptamos un enfoque "aritmético" indebido al concepto de paridad militar. Por supuesto, se necesita paridad para la estabilidad global, pero no debe ir más allá de los límites de las necesidades razonables de defensa.

Hemos sacado y seguimos sacando conclusiones apropiadas para nosotros mismos. Ahora es de conocimiento común que la militarización es derrochadora para cualquier país y puede ser ruinosa cuando se lleva a extremos.

A largo plazo, la comunidad mundial deberá supervisar el poder militar de los Estados, el suministro de armas y las transferencias de tecnología militar. Tal enfoque estará en interés de todos y fortalecerá la estabilidad y la confianza. De lo contrario, nos enfrentaremos constantemente a conflictos armados e intentos de intimidación y chantaje.

Sobre todo, será necesario vigilar de cerca a aquellos países que están haciendo esfuerzos determinados para aumentar las capacidades ofensivas de sus fuerzas armadas; no solo debemos observar lo que están haciendo, sino también exigirles que expliquen por qué se está haciendo y por qué es necesario.

Por supuesto, las Naciones Unidas mismas deberán desempeñar el papel principal en esto. Pero la Organización necesitará un apoyo efectivo de las estructuras de seguridad regional, que ya están convirtiéndose en una realidad en Europa y que esperamos que surjan en Asia y el Pacífico, en el Medio Oriente, en América Central y en otras partes del mundo.

Podríamos considerar la idea de introducir a nivel global y regional el registro internacional de ciertos tipos de armamentos que se producen o adquieren. Indudablemente, hay una necesidad de transparencia en esta área.

Debemos ponernos de acuerdo sobre los principios que rigen la venta y suministro de armas. Se hicieron intentos en el pasado, pero lamentablemente, no se llevaron a su conclusión lógica.

En nuestra opinión, se debe solicitar urgentemente a la Conferencia de Ginebra sobre Desarme que aborde este tema y presente recomendaciones a la Asamblea General en su próxima sesión.

Hace dos años, la delegación soviética planteó la cuestión de reactivar el trabajo del Comité Militar del Consejo de Seguridad. Los acontecimientos recientes nos convencen de la necesidad de volver a la idea original concebida por los creadores de esta Organización y su Carta.

Sabíamos por qué el Comité Militar nunca se convirtió en un órgano funcional. Durante la "guerra fría", el Comité no tenía ni podía tener un papel que desempeñar. Ahora, sin embargo, vemos que sin recomendaciones sustantivas de ese cuerpo, el Consejo de Seguridad no puede cumplir sus funciones según lo establecido en la Carta.

Los arquitectos de nuestra Organización partieron de las duras realidades de la Segunda

Guerra Mundial y acertaron al asumir que si la Organización iba a ser efectiva para mantener la paz y prevenir la guerra, debía tener los medios para hacer cumplir sus decisiones y, si fuera necesario, para reprimir la agresión, y también debía contar con mecanismos para la preparación y coordinación de tales acciones.

La delegación soviética cree que el Consejo de Seguridad debe tomar medidas organizativas necesarias y enérgicas para poder actuar en estricta conformidad con las disposiciones de la Carta.

Debería comenzar iniciando pasos para reactivar el trabajo del Comité Militar y estudiar los aspectos prácticos de asignar contingentes militares nacionales para servir bajo la autoridad del Consejo.

La Unión Soviética está dispuesta a concluir un acuerdo apropiado con el Consejo de Seguridad. Estamos seguros de que los demás miembros permanentes del Consejo y los Estados que puedan ser abordados por él harán lo mismo.

Si el Comité Militar hubiera funcionado correctamente, si se hubieran concluido acuerdos apropiados entre el Consejo y sus miembros permanentes y si se hubieran desarrollado otros aspectos organizativos para contrarrestar las amenazas a la paz, ahora no habría necesidad de que los Estados actuaran unilateralmente. Después de todo, por justificadas que puedan ser, tales acciones provocan una respuesta similar, crean problemas para esos Estados mismos y pueden no ser aceptables para todos.

En cambio, no hay razón para oponerse a las acciones tomadas por los "cuerpos legítimos de aplicación de la ley" internacional, es decir, el Consejo de Seguridad y el Comité Militar.

Tampoco debemos subestimar el efecto psicológico incluso de que el Consejo de Seguridad adquiera estructuras y fuerzas para contrarrestar la agresión.

Quisiera enfatizar que el uso de la fuerza solo es posible como último recurso. Debemos confiar en medios no militares, políticos y perseguir nuestros objetivos de manera pacífica. Hoy más que nunca, son estos métodos los que se están volviendo efectivos.

La última crisis ha ilustrado dramáticamente la importancia de prevenir la propagación de armas de destrucción masiva.

Hablando con franqueza, la situación se vuelve cada vez más alarmante. Afrontémoslo: han aparecido grietas en el régimen de no proliferación nuclear; se están encontrando dificultades para ampliar la zona de aplicación de las salvaguardias del Organismo Internacional de Energía Atómica (OIEA). Es hora de activar los sistemas de emergencia y abordar la cuestión con toda seriedad para salvar la situación.

Con urgencia máxima, se deben detener las pruebas nucleares. Si se detienen las pruebas, tenemos la oportunidad de sobrevivir; de lo contrario, el mundo perecerá. No tengo ninguna duda al respecto. Necesitamos decirle a la gente esto francamente, sin refugiarnos en todo tipo de argumentos especiosos. Tal vez deberíamos invitar a los parlamentos de todos los países a expresar su actitud con respecto a las explosiones nucleares y las pruebas nucleares. Podríamos organizar un referéndum parlamentario mundial.

¿Qué más tiene que suceder para poner en marcha finalmente la eliminación de las armas químicas? El proceso debe completarse con la conclusión de un convenio. La Unión Soviética y los Estados Unidos están dando ejemplo al hacerlo de manera bilateral. Pero ¿y los demás? Es realmente extraño que mientras no hay ninguna persona, ningún político que pida públicamente retener agentes tóxicos, las cosas estén esencialmente en punto muerto y aún no tengamos un convenio.

Quizás deberíamos solicitar una votación nominal aquí en esta Sala de la Asamblea General y ver quién vota en contra de la propuesta. Si todos están a favor, será fácil establecer un calendario vinculante para completar el trabajo sobre el Convenio y establecer un plazo para la destrucción de armas químicas. Problemas similares, principalmente relacionados con la verificación, surgen en relación con las armas biológicas.

Se necesita una acción rápida y decisiva en todos estos temas. Sin embargo, el debate en la Conferencia de Ginebra sobre Desarme, admitámoslo honestamente, avanza de manera tranquila y pausada. ¿Podemos aceptarlo? Incluso mientras los desarrollos peligrosos ganan impulso crítico en el mundo, las negociaciones de Ginebra continúan a un ritmo que se estableció en la época de la "guerra fría".

Creo que los negociadores en el Palacio de las Naciones en Ginebra deberían subir las persianas. Que vean lo que está sucediendo afuera y que la gente sepa en qué están meditando nuestros expertos en desarme.

No quiero ofender a nadie. Sé que quienes trabajan allí son personas honorables. Pero ¿qué se puede hacer? Ha llegado el momento de gritar, de actuar de manera decisiva y firme.

No puedo dejar de mencionar otro aspecto de la seguridad.

La comunidad mundial también debería considerar la posibilidad de diversas "situaciones no convencionales" derivadas de la toma masiva de rehenes y casos de chantaje con amenazas de uso de armas particularmente peligrosas y destructivas.

Estos problemas deberán abordarse en dos niveles: técnico y legal. Podríamos empezar estableciendo un grupo de expertos para contingencias especiales bajo los auspicios del Consejo de Seguridad.

El grupo podría incluir destacados expertos en antiterrorismo, psicólogos, científicos nucleares, químicos, médicos, organizadores de ayuda en desastres, expertos en la protección física de instalaciones y similares.

Las recomendaciones sobre el manejo de "situaciones no convencionales" deberían darse a conocer a un número limitado de personas. Es posible que el Consejo de Seguridad considere necesario, a recomendación del Comité Militar, establecer una fuerza de respuesta rápida que se forme sobre la base de un contrato con unidades especialmente designadas por diferentes países, incluidos los cinco miembros permanentes del Consejo de Seguridad. Esta idea también merece consideración y discusión.

Pero los métodos técnicos por sí solos no son suficientes para lidiar con tales situaciones. En nuestra opinión, es extremadamente importante instituir una nueva norma en el derecho internacional que declare que cualquier persona que amenace con usar armas de destrucción masiva con fines de chantaje, tomar rehenes o participar en terrorismo masivo es culpable de un crimen contra la humanidad. El trabajo en esto ha estado en marcha durante mucho tiempo en algún lugar de los laberintos de esta Organización, pero su fin aún no está a la vista.

Lo que necesitamos, sin embargo, es crear, lo antes posible, un entorno moral y legal en el que cualquier persona culpable de graves crímenes contra la humanidad, de participar en actos de represión masiva, toma de rehenes, actos terroristas o tortura, y aquellos culpables de crueldad particular en el uso de la fuerza, no puedan escapar del castigo y no sean absueltos de la responsabilidad personal incluso si actuaron bajo órdenes.

El principio de reprimir la agresión y las amenazas a la paz debería, en nuestra opinión, complementarse con el principio de responsabilidad individual y con un castigo proporcionado.

La crisis del Golfo Pérsico está causando importantes trastornos en todo el sistema de la economía mundial, como han señalado otros oradores. Su magnitud completa es difícil de evaluar en la actualidad. Está claro que las consecuencias serán graves para las economías de los países en desarrollo, especialmente los más pobres. Simplemente afirmar esto no es suficiente; se deben tomar medidas sin demora. Es necesario establecer, lo antes posible, un mecanismo internacional, incluso si es temporal, por ejemplo, bajo los auspicios del Fondo Monetario Internacional (FMI) o el Banco Mundial, para mitigar las consecuencias adversas de esta crisis para los países que se encuentran en una posición particularmente vulnerable. Creemos que sondear las repercusiones económicas de la crisis debe ser principalmente función de las Naciones Unidas; la Organización debe ser el centro de acción en situaciones que afectan a los intereses de muchos países.

La historia, especialmente la historia moderna, enseña todo tipo de lecciones. No deben ser ignoradas ni subestimadas. Una de ellas es que la seguridad difícilmente puede ser duradera a menos que esté respaldada por el crecimiento económico combinado con la salud espiritual y por valores culturales tradicionales combinados con nuevas tecnologías y con una preocupación por el medio ambiente. Por lo tanto, la cooperación en la década de 1990 debe orientarse a la resolución de todo el conjunto de problemas económicos y ambientales globales. No se debe permitir que descienda una nueva "cortina de pobreza", esta vez entre el Norte y el Sur. Si lo hace, la división resultante del mundo podría resultar fatal para nuestra civilización. No tenemos tiempo que perder. Ahora se necesita una estrategia global para el desarrollo y para resolver los problemas comunes a toda la humanidad, y el informe del Secretario General sobre el trabajo de la

Organización destaca acertadamente este punto. Las Naciones Unidas, respaldadas por sus agencias especializadas y por recursos intelectuales externos, deben emprender la formulación de dicha estrategia.

Un mundo interdependiente requiere un nuevo nivel de asociación económica multilateral. La cooperación a nivel bilateral y en áreas seleccionadas ya no es suficiente; se necesita una cooperación global.

La sesión especial de la Asamblea General sobre cooperación económica internacional dejó claro que todos se beneficiarían si cada grupo de países ajustara sus enfoques y mostrara disposición para abandonar el interés propio individual o grupal en la cooperación económica, estableciendo como su más alta prioridad los intereses del bien común, un interés propio global, si se quiere, que ya no sería egoísta. Acogemos con satisfacción las disposiciones de la Declaración de la sesión especial que respaldan la integración de la Unión Soviética y los países del Este de Europa en la economía mundial. Esperamos que las Naciones Unidas den expresión concreta a su apoyo a este proceso.

La contribución soviética a estos esfuerzos ciertamente aumentará a medida que avancemos con la Perestroika en nuestro país, profundicemos en nuestra reforma económica y hagamos la transición a una economía de mercado. Hemos optado firmemente por una asociación más estrecha con el Acuerdo General sobre Aranceles Aduaneros y Comercio (GATT), el Fondo Monetario Internacional (FMI), el Banco Mundial y la Organización de Cooperación y Desarrollo Económicos (OCDE), con miras a unirnos a ellos tan pronto como se establezcan las condiciones internas y externas necesarias. Es cierto que estamos bastante rezagados, pero hemos tomado una posición firme en este asunto tan importante.

También vemos una contribución única que podemos hacer al desarrollo de la cooperación internacional. Por razones geográficas y otras, estamos en una mejor posición que otros para servir como un vínculo entre Europa y Asia y contribuir al establecimiento de un único espacio euroasiático en los ámbitos económico, científico, tecnológico, ambiental y otros. Esto ciertamente se facilitará, por ejemplo, con los sistemas de transporte soviéticos, las principales líneas ya existentes y el equipo de comunicaciones, incluidas las comunicaciones espaciales.

El progreso científico y tecnológico se ha convertido en un factor importante que da forma al futuro del mundo. La naturaleza global de sus implicaciones coloca en una nueva perspectiva la necesidad de coordinar las políticas de los Estados en esta área. Las Naciones Unidas y su sistema de organizaciones pueden y deben asumir, en nuestra opinión, un papel principal en estos esfuerzos.

Este es un área en la que la confianza entre los Estados es de especial importancia. Sin confianza, no se pueden derribar las barreras para la cooperación científica y técnica internacional. Pensamos que la comunidad internacional debería posicionarse en contra del monopolio en el campo de la ciencia y la tecnología. De lo contrario, será difícil lidiar eficazmente con el subdesarrollo y los numerosos problemas del mundo en desarrollo. Si lográramos centrar fuertemente la estrategia de desarrollo global en el progreso científico y tecnológico, podríamos mitigar sustancialmente tendencias alarmantes como la fuga de cerebros, la creciente migración de profesionales y el creciente costo y alcance reducido de la investigación. Sería acertado que las Naciones Unidas lideraran la organización de un foro global sobre el papel del pensamiento, la ciencia y la tecnología en la solución de los problemas del mundo actual. La Unión Soviética está preparada para tomar la iniciativa en la organización de un importante foro internacional de este tipo en nuestro país.

Se ha hablado mucho últimamente sobre cuestiones ambientales. Incluso corremos el riesgo de hablar demasiado de nuestro futuro, porque hasta ahora, enfatizo que esto es a nivel mundial, ha habido mucha charla pero poca acción, mientras que la destrucción del medio ambiente supera nuestras preparaciones para hacer frente a la amenaza ambiental.

Espero que, incluso mientras continuamos preparándonos para la Conferencia sobre el Medio Ambiente y el Desarrollo en Brasil en 1992, podamos comenzar a implementar proyectos específicos de protección ambiental. En nuestra opinión, una de las medidas prioritarias sería establecer un centro de las Naciones Unidas para la asistencia ambiental de emergencia. Hemos presentado al Secretario General una lista de científicos y especialistas soviéticos a quienes, a solicitud del centro, estaríamos dispuestos a enviar a áreas de desastres ambientales a nuestro cargo para que sirvan como miembros de equipos de expertos internacionales.

Somos conscientes de que un entorno saludable requiere una considerable inversión tanto a nivel nacional como global. Según nuestra perspectiva, la salida del problema es la reducción del gasto militar y la conversión de la producción militar. No hay alternativa. Las cifras son bien conocidas. Ochocientos mil millones de dólares deben gastarse antes del final de este siglo para evitar la degradación y destrucción del medio ambiente, casi la misma cantidad que se gasta en el mundo con fines militares cada año.

La urgencia de los problemas de protección ambiental ha sido resaltada por la tragedia de Chernobyl.

Agradecemos a los gobiernos y las diversas agencias que se unen en el arduo trabajo de hacer frente a las consecuencias del desastre. En nombre del pueblo soviético, también quiero expresar nuestro agradecimiento a todas las organizaciones internacionales, gubernamentales y públicas, así como a particulares, que han ofrecido su ayuda a las víctimas.

Nuestro agradecimiento especial va a la Organización de las Naciones Unidas para la Educación, la Ciencia y la Cultura (UNESCO) y a aquellos países y organizaciones que han mostrado un interés conmovedor en los niños de Chernobyl, invitándolos a descansar y recibir tratamiento médico y alegrando los corazones de los niños con su preocupación y calidez. La decisión del Secretario General de designar un Representante Especial para la ayuda en caso de desastre de Chernobyl también ha sido muy apreciada en nuestro país.

El enfoque multidimensional de la seguridad respaldado por nuestra Organización pone de relieve la interrelación entre la seguridad de los Estados y el bienestar y la libertad del individuo. El ser humano se coloca en primer plano y la dimensión humana se está convirtiendo en una medida universal para cualquier empresa internacional. Para nosotros y para las Naciones Unidas, la seguridad del individuo, de cada ciudadano, y la protección de los derechos humanos fundamentales son inseparables de la seguridad nacional y de la seguridad internacional en su conjunto.

Creo que ha llegado el momento de examinar también los conflictos regionales desde el punto de vista de los derechos humanos. Estos derechos incluyen el derecho a la vida y la seguridad personal, así como el derecho a disfrutar de libertades fundamentales y participar en los procesos democráticos de la sociedad y el Estado. La tarea principal para la comunidad internacional es crear condiciones en las que las personas puedan tomar decisiones libres. Las disputas deben resolverse no en las trincheras de la guerra, sino a través de las urnas, tanto a nivel regional como dentro de los países y Estados individuales.

Hablando sobre el futuro, también nos gustaría responder a aquellos que han estado siguiendo con comprensible preocupación los acontecimientos en nuestro país. Es cierto, nuestra situación interna no es en absoluto sencilla y aún está lejos de ser estable. Podemos comprender fácilmente esa preocupación: el nuestro es un país enorme, con un potencial inmenso, y la estabilidad de la Unión Soviética tiene una gran influencia en el estado del mundo.

Pero, independientemente de la complejidad de nuestra situación, no se puede dejar de ver que está evolucionando en el contexto de la emancipación de todos los pueblos y todos los ciudadanos de nuestro país, su participación activa en la arena política y la reafirmación de sus identidades nacionales. Se están abriendo al mundo, y el mundo los está descubriendo.

Que este proceso esté acompañado de algunas dificultades e incluso de algunos costos no debería causar una alarma excesiva, porque el pueblo soviético y las fuerzas democráticas que asumen la responsabilidad del futuro de nuestra Unión son conscientes del lugar de la Unión Soviética en el mundo y de su responsabilidad por el mantenimiento de la estabilidad global. Esta conciencia es compartida por todos los pueblos de nuestro país multinacional, y todos actuarán de manera responsable, comprendiendo que la estabilidad en el mundo también significará paz en su propio hogar.

Al trabajar por la renovación de nuestra sociedad, hemos visto lo importante que es defender los principios democráticos en todos los niveles, tanto a nivel nacional como internacional.

Quisiera decir en particular que si los intentos de embarcarse en el camino de la democracia terminaran en fracaso o, peor aún, en colapso, tendría graves consecuencias para el futuro del mundo, sin mencionar el riesgo de caos y nuevas dictaduras. Evitar eso debería ser del interés de todos.

Mientras nos reunimos para la cuadragésima quinta sesión de la Asamblea General, no hablamos tanto de la madurez de la Organización como del comienzo de su renacimiento, su restauración según los planos de 1945. Limpiando la suciedad dejada por la "guerra fría", vemos un trabajo de sabiduría colectiva. Las Naciones Unidas fueron concebidas como un instrumento de acción. De aquí en adelante, todos debemos asegurarnos de que nuestras palabras estén vinculadas a acciones conjuntas, y subrayo "conjuntas". Ahora es el momento preciso para eso. La filosofía de hoy es una filosofía de acción.

Esta es la sexta vez que hablo desde esta tribuna y participo en el trabajo de la Asamblea General. Ha sido, sin duda, una gran escuela, una escuela de primer nivel. ¿Dónde más se puede estar tan involucrado con toda la gama de problemas humanos y encontrarse con una constelación de personalidades, intelectuales, profesionales y académicos, cuyas brillantes cualidades son personificadas por el Secretario General de nuestra Organización, el Sr. Pérez de Cuéllar?

Me considero muy afortunado de haber conocido y trabajado aquí con destacados líderes políticos y grandes personalidades durante los años en que las Naciones Unidas volvieron a ser lo que se suponía que debían ser - un centro para armonizar las actividades de las naciones.

Bibliografía

---

[i] Address to the United Nations General Assembly by President George H.w. bush. (s/f). U.S. Department of State. Recuperado el 21 de octubre de 2023, de https://2009-2017.state.gov/p/io/potusunga/207268.htm

[ii] Address to the United Nations General Assembly by Minister Mr. Shevardnadze, pag. 41-63. Documents-dds-ny.un.org. Recuperado el 17 de diciembre de 2023, de https://documents-dds-ny.un.org/doc/UNDOC/PRO/N90/641/06/PDF/N9064106.pdf?

www.ingramcontent.com/pod-product-compliance
Lightning Source LLC
Chambersburg PA
CBHW060955260726
48661CB00005B/1892